Dieses Buch gehört:

~~~~~~

Rainer Wolke

Kein Treffer für Franzi?

Paule und seine Fußballfreunde

Lesen lernen

Erstleser

2. Klasse

Klett Lerntraining

Bibliografische Information der Deutschen Nationalbibliothek
Die Deutsche Nationalbibliothek verzeichnet diese Publikation in der
Deutschen Nationalbibliografie; detaillierte bibliografische Daten sind
im Internet über http://dnb.dnb.de abrufbar.

1. Auflage 2016

© 2016, DFB
Offizielles Lizenzprodukt des Deutschen Fußball-Bundes, hergestellt durch
PONS GmbH, Klett Lerntraining, Stöckachstraße 11, 70190 Stuttgart.

© PONS GmbH, Stöckachstraße 11, 70190 Stuttgart 2016. Alle Rechte vorbehalten.
www.klett-lerntraining.de
Teamleiterin Grundschule und Kinderbuch: Susanne Schulz
Redaktion: Julia Maisch, Sandra Meyer
Umschlaggestaltung und Layout: Sabine Kaufmann, Stuttgart
Autor: Rainer Wolke
Illustrationen: Julian Jordan, Iñigo Moxo/Comicon, Barcelona
© 2014, DFB, Story- und Lizenz-Styleguide, Paule und seine Freunde
Satz: tebitron gmbh, Gerlingen
Druck: Aumüller Druck GmbH & Co. KG, Regensburg
Bindung: Conzella Verlagsbuchbinderei Urban Meister GmbH & Co KG, Pfarrkirchen
Printed in Germany
ISBN 978-3-12-949199-7

Inhalt

Ein mieser Tag

Paule und seine Freunde
sind auf dem Bolzplatz.
Sie kicken.
„Spiel zu mir!",
ruft Winnie Wieslinger.
Franzi spielt ihn an.
Winnie nimmt den Ball
und schießt ihn ins Tor.

„Tor! Tor! Tor!",
jubelt Winnie.
Er fällt auf die Knie
und reißt die Arme in die Luft.
Franzi und Emil klatschen ihn ab.
„Perfekt!", lobt Emil Erdreich.
„Tore schießen ist das Tollste!",
findet Franzi.
Sie nimmt sich vor:
Das nächste Tor mache ich!

Franzi Fux ist eigentlich
eine wirklich gute Stürmerin.
Oft schießt sie ein Tor
nach dem anderen.
Aber heute ist ihr
noch kein einziges gelungen.
Franzi ist nervös.
Dann kommt ihre Chance:
Sie nimmt Henri den Ball ab.
Dann läuft sie auf das Tor zu.
Nur Benni ist ihr noch im Weg.

„Du machst es, Franzi!",
feuert Emil sie an.
Sie holt aus, schießt ...
... und verfehlt das Tor um Längen.
Benni muss sich nicht mal strecken.
„Oh, Mann!", brüllt Winnie sauer.
„Der gebe ich keinen Ball mehr!
Schon das fünfte Mal daneben!"
Franzi will etwas antworten.
Aber sie hat einen Kloß im Hals.

Franzi wird knallrot.

„Warum klappt es heute bloß nicht?",
denkt sie.

Mit gesenktem Kopf rennt Franzi
vom Bolzplatz.

Sie klettert ins Baumhaus
und knallt die Tür zu.

So enttäuscht war Franzi noch nie.

Paule und die anderen sehen sich an.

„Habe ich etwas falsch gemacht?",
fragt Winnie schuldbewusst.

Paule schüttelt den Kopf.

„Du warst vielleicht etwas ruppig",
sagt er.

„Aber, das ist nicht das Problem."

Katy Karniggl nickt.

„Ja", bestätigt sie.

„Franzi glaubt nicht an sich.
Wie können wir ihr bloß helfen?"

Sondertraining
für Franzi

Am Samstag steht Franzi früh auf,
um trainieren zu können.
Sie hat extra Bälle
von zuhause mitgebracht.
Bis zum Tor sind es zehn Meter.
„Ihr geht jetzt alle rein!",
beschwört sie die Bälle.
Dann nimmt sie fünf Schritte Anlauf.

Franzi läuft auf den ersten Ball zu.
Mit voller Wucht trifft sie ihn.
Wie ein Komet saust
die Lederkugel durch die Luft.
Zack! Der Ball landet im Tor.
„Ja!", jubelt Franzi.
Danach schießt sie den nächsten Ball
und noch einen und noch einen.
Franzi trifft immer!

Als die Freunde eintrudeln,
läuft Franzi ihnen entgegen.
„Tut mir leid wegen gestern",
begrüßt sie die anderen.
„Heute läuft es hoffentlich
wieder besser!"
Paule klopft Franzi auf die Schulter.
„Bestimmt!", antwortet er.
Doch Franzi ist immer noch unsicher.

Dann teilt Paule die Mannschaften ein:
Franzi, Paule und Emil
gegen Winnie, Benni und Henri.
Katy ist die Schiedsrichterin.
Sie pfeift das Spiel an.
Paule zwinkert Franzi
noch einmal aufmunternd zu.
Franzi schluckt:
„Wird es heute wieder
so mies laufen?"

Winnie passt Henri zu,

Henri passt zurück.

Winnie umkurvt Emil.

Dann schießt er

und der Ball geht ins Tor.

Winnie jubelt.

Es steht 1 zu 0 für sein Team.

„Ich bin heute wieder super drauf!",

lobt Winnie sich selbst.

Jetzt hat Paules Mannschaft Anstoß.
„Lauf nach vorne!",
flüstert Paule Franzi zu.
Franzi tippt den Ball kurz an,
dann rennt sie los.
Kurz vor dem Tor schießt Paule zu ihr.
Sie will den Ball an Benni vorbei
ins Tor schieben.
Doch der Ball kullert ins Toraus!
Franzi bleibt vor Schreck stehen.

Kopf hoch!

Paule steht vor Franzis Zimmertür.
Er klopft schon zum zehnten Mal.
„Hey, Franzi, mach doch auf!",
bittet er.
Endlich öffnet Franzi die Tür.
„Warum bist du hier?",
fragt sie.
„Ich schieße doch
immer nur daneben!"

16

Paule schüttelt den Kopf.
„Franzi", ermahnt er sie,
„rede doch nicht so einen Blödsinn!"
Paule nimmt sich einen Stuhl
und setzt sich zu Franzi.
„Du bist eine tolle Spielerin!",
erklärt er.
„Im Moment klappt es einfach nicht.
Das wird auch wieder besser."

Paule kann Franzi nicht aufheitern.
„Ich hab es einfach verlernt",
glaubt sie.
„Ich weiß nicht mehr,
wie man Tore schießt."
Paule lacht:
„Franzi, das verlernt man nicht!
Du hast gerade eine Blockade.
Jeder Stürmer kennt das!"

Endlich kann Paule Franzi überzeugen.

Sie kommt wieder mit zum Bolzplatz.

Alle begrüßen Franzi begeistert.

Und bei der Aufteilung der Mannschaften
wird sie als Erste ausgewählt.

Franzi gelingen richtig gute Pässe.

Paule spornt sie immer wieder an.

Dann hat sie den Ball.

Sie läuft auf das Tor zu und schießt.

Doch der Ball geht wieder daneben.

Eine geniale Idee!

Franzi hat schon wieder
nicht getroffen!
Jetzt reicht es ihr endgültig.
„Ich mache Schluss mit Fußball",
verkündet sie traurig.
„Es hat ja doch keinen Sinn mehr!"
Franzi will nach Hause gehen.
Doch Paule hält sie fest.
„Moment mal!", widerspricht er.

Paule hat eine Idee.
„Ihr habt es gehört",
ruft Paule in die Runde.
„Schluss mit Fußball!"
Alle starren ihn an.
„Wir brauchen eine Pause vom Kicken",
fährt Paule fort.
„Wir veranstalten einen Wettbewerb
im Weitsprung!"
Franzi gefällt Paules Vorschlag.
Endlich lacht sie wieder.

Henri, Winnie, Katy, Emil und Benni
finden die Idee jetzt auch gut.
Paule überlegt.
Dann erklärt er den anderen:
„Hier springen wir ab."
Emil holt sein Maßband
aus der Tasche.

Henri will als Erster springen.

Doch Winnie drängelt sich vor.

„Lass das mal einen Profi machen",
gibt er an.

Er läuft los und springt.

„3 Meter 45", verkündet Emil.

Winnie kann es nicht glauben.

„Sonst springe ich immer viel weiter!"

Katy springt 3 Meter 30,
Paule 3 Meter 61
und Henri 3 Meter 63.
Sogar Benni plumpst
bei 3 Meter 40 in die Wiese.
Dann ist Franzi dran.
Franzi sieht konzentriert aus.
Selbstbewusst läuft sie los.
Paule freut sich.

Kurz vor der Linie springt sie ab.
Franzi holt mit ihren Armen Schwung.
Sie fliegt durch die Luft
und landet gekonnt.
Emil misst sofort nach.
„3 Meter 66!",
ruft er erstaunt.
„Das ist der weiteste Sprung!"

Nun ist Winnie verärgert.

„Bei mir war zu viel Gegenwind",

motzt er.

Winnie ist ein schlechter Verlierer.

„Ist doch gar nicht schlimm",

tröstet Franzi ihn.

„Manchmal ist eben der Wurm drin.

Das kennt doch jeder.

Dafür kannst du glänzend ..."

„... Tore schießen!",

bricht es aus Winnie heraus.

Franzi lacht und nickt.

Paules Idee war richtig gut.

Endlich macht Franzi sich nicht mehr

so viele Gedanken.

„Da wir gerade von Toren sprechen",

sagt Paule,

„Wie wäre es mit einem Spiel?"

Begeistert legen sie los.

Kaum hat Franzi den Ball,

fliegt er auch schon ins Tor.

Franzi jubelt und alle freuen sich.

Paules Fußball-Quiz

1 **Wo kicken Paule
und seine Freunde?**

P ◯ auf dem Kirmesplatz

M ◯ auf dem Marktplatz

W ◯ auf dem Bolzplatz

2 **Was ist das Tollste für Franzi?**

O ◯ Tore zu verhindern

E ◯ Tore zu schießen

A ◯ Tore zu kassieren

3 **Was hat Franzi für ein Problem?**

I ◯ Ihr gelingt kein einziges Tor.

N ◯ Sie schießt nur ein Tor.

L ◯ Winnie gibt ihr keinen Ball.

4 **Warum läuft Franzi ins Baumhaus?**

N ◯ weil sie müde ist

T ◯ weil sie enttäuscht ist

D ◯ weil sie hungrig ist

5 **Franzi will unbedingt wieder besser werden.**
Was macht sie?

S ◯ Sie verordnet sich ein Einzeltraining.

L ◯ Sie verordnet sich eine Pause.

W ◯ Sie verordnet sich ein Sonderspiel.

6 **Wie überzeugt Paule Franzi,**
wieder mit zum Bolzplatz zu kommen?

C ◯ Er macht ihr Tee.

U ◯ Er macht ihr ein Angebot.

P ◯ Er macht ihr Mut.

7 **Was schlägt Paule seinen Freunden**
statt Fußball spielen vor?

B ◯ einen Wettbewerp im Weitsprung

R ◯ einen Wettbewerb im Weitsprung

H ◯ einen Wettbewerb in Weitsprung

8 **Paule möchte einen Wettbewerb machen,**
damit ...

E ◯ ... Winnie gegen die anderen verliert.

A ◯ ... alle eine andere Sportart
kennenlernen.

U ◯ ... Franzi den Kopf freibekommt.

9 **Franzi sagt zu Winnie:**
„Manchmal ist der Wurm drin.“
Was meint sie damit?

F ◯ Etwas dauert länger als gedacht.

N ◯ Etwas klappt nicht.

P ◯ In der Wiese ist ein Wurm.

10 **Franzi hat in der Geschichte**
eine Blockade.
Was bedeutet das?

R ◯ Sie weigert sich,
etwas zu tun.

K ◯ Jemand hält sie fest.

G ◯ Ihr gelingt etwas nicht,
obwohl sie es eigentlich kann.

Mach mit beim großen Paule-Gewinnspiel!

Hast du das Lösungswort gefunden?

Hier kannst du es eintragen:

◯ ◯ ◯ ◯ ◯ ◯ ◯ ◯ ◯ ◯

Schicke uns dein Lösungswort und gewinne mit etwas Glück ein offizielles Spiele-Set mit Paule und der Nationalmannschaft für die ganze Familie!

Das kannst du gewinnen*

3D-Puzzleball: Die National-mannschaft 2016

Paule Memo

Monopoly: Die National-mannschaft 2016

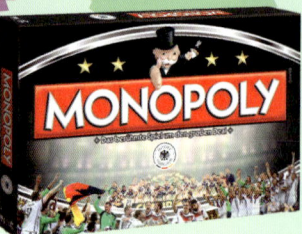

Produktabbildungen sind teilweise vorläufig

Schicke dein Lösungswort (per Mail oder Post) an:
PONS GmbH
Klett Lerntraining, Marketing
Kennwort: „Paule"
Stöckachstraße 11
70190 Stuttgart   oder an: lerntraining@klett-lerntraining.de